사자와 호랑이

자연 다큐 백과

엘리자베스 카니, 베벌리, 데렉 주베르 지음 | 이한음 옮김 | 박재근 감수

차례

소개합니다! 6

❶ 큰 고양잇과의 세계　8
큰 고양잇과가 뭐예요? 10
서로서로 어떻게 다를까요? 12
어디에서 살고 있을까요? 14
동물원 인기 스타 라이거와 타이곤 16
생생한 자연 관찰 호랑이 머리부터 꼬리까지 18

❷ 큰 고양잇과의 생활　20
깜찍한 새끼가 태어났어요! 22
나는 외로운 동물! 혼자가 좋아요 24
쩝쩝, 고기가 가장 맛있어요! 26
큰 고양잇과에게 닥친 엄청난 위기 28
찰칵! 고양잇과 사진전 모두 고양잇과예요! 30

❸ 고양잇과의 다른 동물들　32
고양잇과는 어떻게 진화했을까요? 34
작은 고양잇과와 큰 고양잇과 36
야생 고양잇과 vs 집고양이 38
고양잇과 돌보기 40
고양잇과 vs 사람 닮은 곳을 찾아보아요! 42

❹ 큰 고양잇과와 같이 놀아요　44
꼭꼭 숨어 있는 동물을 찾아요! 46
나는 사자일까요, 호랑이일까요? 48
멀리뛰기 금메달은 무엇이 딸까요? 50
사람들과 함께해 온 고양잇과 52
탐험가가 들려주는 뒷이야기 54

큰 고양잇과를 보호해요! 56
도전! 큰 고양잇과 박사 퀴즈를 풀며 용어를 익혀요 ... 60
찾아보기 62

여기는 세렝게티 국립 공원입니다. 할짝할짝, 어미 사자와 새끼들이 시원하게 물을 마시고 있네요.

살금살금, 호랑이가 먹잇감을 향해 슬그머니 다가가고 있어요.

소개합니다!

사자, 호랑이, 표범, 재규어는 몸집이 큰 고양잇과 동물들이에요.

전 세계 어디서나 사람들에게 존경과 두려움의 대상이지요. 아주 사납고 무섭거든요. 이 동물들은 생태계 먹이 사슬*의 맨 꼭대기에 있어요. 힘세고 날래서 사냥을 잘 한답니다. 하지만 이들도 힘겹게 살아가고 있어요.

'고양이는 목숨이 아홉 개'라는 말이 있을 만큼 고양잇과는 생명력이 강해요. 그런데 전문가들은 이제 큰 고양잇과 중 몇은 마지막 목숨만 남았다고 걱정하고 있어요.

멸종 위기에 놓였거든요. 사자, 호랑이, 표범, 재규어처럼 늠름하고 멋진 큰 고양잇과는 왜 사라지고 있을까요? 우리 함께 알아볼까요?

*먹이 사슬: 생태계에서 먹이를 중심으로 한 생물들끼리 먹고 먹히는 관계.

탐험가 인터뷰

안녕하세요, 우린 베벌리 주베르와 데렉 주베르예요. 25년 넘게 큰 고양잇과를 연구하고 있는 부부 탐험가지요. 사자와 호랑이가 왜 꼬리를 씰룩거리는지, 재규어가 입술을 삐죽거리는 것이 어떤 감정을 나타내는지, 표범이 그냥 노는 건지 아니면 먹잇감을 쫓는 중인지, 우리는 다 알아요. 여러분도 알고 싶나요? 그럼 이 책을 펼치고 큰 고양잇과 친구들과 함께 지내 보세요. 여러분도 우리처럼 전문가가 될 수 있답니다.

여기는 케냐 마사이마라 야생 동물 보호 구역입니다. 표범이 날아가듯 달리고 있네요.

1 큰 고양잇과의 세계

재규어가 먹잇감 앞에서 침을 흘리고 있어요.

잠깐 상식! 다 자란 수사자가 울부짖으면 8킬로미터 밖에서도 들려요.

큰 고양잇과가 뭐예요?

혹시 '큰 고양이'라고 해서
크고 살찐 고양이를 떠올렸나요?
야생 동물 전문가들은 이 말을 다른 의미로 써요.
고양잇과 중에서 몸집이 커다란 종을 '큰 고양잇과'라고 부른답니다.
이들은 모두 육식 동물이에요. 다른 동물들을 먹고 산다는 뜻이지요.
그래서 강한 턱, 날카로운 발톱, 뾰족한 이빨이 있답니다.
그중에서도 사자, 호랑이, 표범, 재규어는 특별해요.
사납게 으르렁거릴 수 있거든요. 이들은 모두 표범속*에 속하는
큰 고양잇과예요.

*속: 단계에 따라 생물을 분류하는 기준. 계→문→강→목→과→속→종.

재규어

호랑이

표범

사자

서로서로 어떻게 다를까요?

사자, 호랑이, 표범, 재규어는 서로 닮았지만 조금씩 달라요.
무엇이 어느 종인지 모르겠다고요? 어디를 봐야 할지 알면 구별할 수 있어요.
자, 눈을 크게 뜨고 비교해 보아요.

털 무늬

재규어
표범과 털 무늬가 비슷해요. 둘 다 검은 꽃무늬 반점이 있지요. 하지만 재규어는 무늬가 더 얼룩덜룩해요. 그리고 가운데 점이 하나 이상 있어요.

호랑이
검은 세로줄이 있어요. 그래서 높이 자란 풀숲에 숨어서 먹잇감에게 몰래 다가가기 좋아요. 호랑이마다 줄무늬가 다 달라요.

표범
검은 꽃무늬 반점이 있지만, 재규어보다 더 일정하고 가운데 점이 없어요. 표범은 무늬 덕분에 주변 환경과 구별이 잘 안 되어서 쉽게 들키지 않아요.

사자
몸이 옅은 갈색이나 황갈색이고, 꼬리 끝은 검어요. 젊은 수사자는 대개 갈기가 풍성해요. 그래서 더 크고 강해 보이지요. 갈기가 길고 검어야 암컷에게 인기가 많아요.

잠깐 상식! 고양잇과 동물은 대부분 물을 싫어 하지만, 재규어와 호랑이는 헤엄치기를 좋아해요.

표범
몸무게 30~80킬로그램
몸길이 90~180센티미터

재규어
몸무게 32~136킬로그램
몸길이 120~180센티미터

표범은 큰 고양잇과 중에서 가장 작은 편이지만, 집고양이보다는 훨씬 커요. 몸무게가 80킬로그램, 몸길이가 180센티미터까지 자라요. 큰 고양잇과 중에서 가장 큰 동물은 시베리아호랑이예요. 몸무게가 370킬로그램까지, 몸길이가 4미터까지 자라요.

호랑이
몸무게 90~370킬로그램
몸길이 210~400센티미터

사자
몸무게 122~191킬로그램
몸길이 140~250센티미터

블랙 팬서가 고양잇과라고요?
털 색깔이 검은 재규어나 표범처럼 검은색 큰 고양잇과를 '블랙 팬서'라고 해요. 털 색깔이 검으니까 무늬가 잘 보이지 않아요. 이렇게 검은 털은 부모에게 물려받은 유전자*가 독특한 조합을 이루기 때문에 생겨요. 야생에는 검은 재규어가 검은 표범보다 더 많아요.

*유전자: 생물의 생김새와 특징에 대한 정보가 담긴 작은 단위.

어디에서 살고 있을까요?

사자, 호랑이, 표범, 재규어는 여기저기 다양한 지역에서 살고 있어요.

호랑이는 세계에서 가장 북쪽까지 퍼져 있어요. 추운 시베리아의 눈 쌓인 숲에서도 살아가지요. 재규어는 중앙아메리카와 남아메리카의 후덥지근한 열대 우림이나 탁 트인 초원에서 살아요. 사자는 주로 아프리카 중부와 남부의 초원을 돌아다니지요. 표범은 큰 고양잇과 중에서 가장 널리 퍼져 있어요. 아프리카와 아시아에서 모두 살아가요.

북아메리카

대서양

태평양

남아메리카

탐험가 인터뷰

큰 고양잇과는 숨기 대장이에요. 들키지 않고 먹잇감에게 몰래몰래 다가간답니다. 며칠 동안 덤불 속에서 꼼짝 않고 지켜봐야, '여기 숨어 있구나!' 하고 알 수 있어요. 그래서 전문가들도 큰 고양잇과가 몇 마리 남았는지 정확하게 알지 못해요. 많은 자료를 바탕으로 거의 비슷하게 헤아리지만, 확실하지는 않지요. 사람들은 큰 고양잇과를 마구 사냥하고 또 그들의 터전을 개발해 건물을 세우고 땅을 일구었어요. 그 바람에 이제 야생에서 살아가는 큰 고양잇과의 숫자가 많이 줄었답니다.

재규어

나무가 빽빽하게 우거진 숲에 살아서 정말 보기 힘들어요. 지금까지 남아 있는 수가 몇 마리나 되는지 아무도 정확히 몰라요.

라이거
수사자+암호랑이

라이거는 덩치가 엄청 커요. 엄마에게 줄무늬를, 아빠에게 덥수룩한 갈기를 물려받지요. 엄마 아빠보다 훨씬 크게 자라고, 몸무게가 둘을 합친 것만큼 나가기도 해요. 지금까지 가장 컸던 라이거는 이름이 헤라클레스였어요. 몸길이 330센티미터에 몸무게가 419킬로그램이었지요! 대단해 보이지만, 사실 라이거는 몸집이 너무 커서 오래 못 살아요.

짝짓기 신호가 달라요

야생에서는 호랑이와 사자가 짝짓기를 안 해요. 왜냐하면 짝짓기 신호가 전혀 다르거든요. 호랑이는 자기 영역을 지키면서 거의 홀로 지내요. 짝짓기할 준비가 되었을 때만 오줌이나 다른 체액을 뿌려 상대에게 신호를 보내요. 반면에 사자는 무리 지어 살아요. 그리고 다양한 방법으로 의사소통을 하지요. 암사자는 마음에 드는 수사자를 만나면 앞발로 턱을 건드리거나 머리를 쓰다듬어요.

잠깐 상식! 사자는 시속 58킬로미터까지 빠르게 달릴 수 있어요.

동물원 인기 스타 라이거와 타이곤

사자와 호랑이는 동물원 최고 인기 스타예요.
그래서 동물원에서 키우는 숫자가 계속 늘어난답니다. 야생에서 살아가는 사자와 호랑이의 숫자는 줄어드는데 말이에요. 사육사들은 큰 고양잇과가 동물원에서 야생과 비슷한 환경에서 자라도록 애를 써요. 하지만 때로는 서로 다른 큰 고양잇과를 한 우리에 몰아넣기도 해요. 새로운 품종*을 만들려고요. 자연에서는 서로 어울리지도 않고 짝짓기도 하지 않는데 말이에요.

사람이 일부러 잡종을 만든 대표적인 예가 라이거예요. 동물원의 인기 스타지요. 하지만 라이거는 유전적으로 문제가 많아요. 시력이나 청력이 약하거나 심장도 약할 가능성이 커요. 그래서 전문가들은 이렇게 일부러 교배*하는 것이 좋지 않다고 생각해요.

*품종: 종을 더 자세히 나눈 특정 종류.
*교배: 새끼를 얻기 위해 사람이 동물들을 짝짓기시키는 일.

아함, 라이거는 사람들이 자기를 흥미롭게 보든 말든 하품만 하고 있네요!

타이곤
수호랑이+암사자

타이곤은 줄무늬가 있고 몸집이 크지 않아요. 수컷은 사자처럼 갈기가 있지만, 풍성하지 않지요. 타이곤은 라이거보다 수가 적어요. 사람들에게 인기가 적어서 교배를 덜 시키거든요. 타이곤도 라이거처럼 건강 문제에 시달려요.

생생한 자연 관찰
호랑이 머리부터 꼬리까지

기다란 **꼬리**는 펄쩍 뛰어오르고, 기어오르고, 달릴 때 균형을 잡아 줘요. 의사소통할 때도 쓰이지요.

평소에는 발끝에 날카로운 **발톱**을 숨기고 있어요. 그래야 발톱을 뾰족하게 유지할 수 있지요. 그러다가 사냥감을 만나면 긴 발톱을 확 드러내요.

길쭉한 근육질의 **다리**로 높이 점프하거나 멀리까지 훌쩍 뛸 수 있어요.

털가죽으로 몸을 보호해요. 긴 세로줄 무늬는 다른 동물들에게 들키지 않게 해 주지요. 호랑이는 털가죽으로 춥거나 더운 날씨에 잘 적응해요.

인도호랑이는 벵골호랑이라고도 불려요. 먹잇감을 향해 달려가는 모습이 멋지지요?

호랑이는 뛰어난 사냥꾼이에요.
빠르고, 영리하고, 힘이 세지요. 호랑이가 얼마나 놀라운 능력을 지녔는지 살펴볼까요? 호랑이를 가까이에서 자세히 살펴볼 아주 좋은 기회니까 놓치지 마세요!

몸집에 걸맞게 **뇌**도 아주 커요. 동물 중에서 머리가 좋은 편에 속하지요.

눈은 빛을 잘 받아들여요. 그래서 사람보다 밤눈이 6배나 밝아요.

긴 **송곳니**로 먹잇감을 콱 깨물어요.

코에 냄새를 맡는 세포가 1억 개 넘게 있어요. 사람보다 후각이 20배나 더 뛰어나요.

등뼈가 아주 유연해요. 먹잇감을 뒤쫓아 달리다가도 재빨리 방향을 바꿀 수 있지요. 높은 곳에서 떨어질 때도 몸을 돌려 무사히 발부터 땅에 닿아요.

청력이 무척 뛰어나요. 사람은 듣지 못하는 소리도 들을 수 있지요. 지진이나 화산 분화 같은 재난도 소리로 알아채요.

수염이 매우 민감해요. 수염에 닿는 공기나 물체를 잘 느껴서 어둠 속에서도 길을 찾고, 좁은 곳도 잘 드나들어요.

2 큰 고양잇과의 생활

여기는 아프리카에 있는 오카방고강 하류예요. 암사자와 새끼들이 어슬렁어슬렁 강을 건너고 있네요.

어미 표범은 새끼를 살포시 물어서 옮겨요.

깜찍한 새끼가 태어났어요!

큰 고양잇과는 대개 한 번에 새끼를 2~4마리 낳아요.
갓 태어난 새끼는 아주 약해요. 눈도 제대로 못 뜨지요. 갓 태어났을 때는 사람 아기만 하고, 온종일 돌봐 주어야 해요. 포유류*라서 몇 달 동안은 어미젖을 먹어야 하지요. 그런 뒤에 새끼들도 고기를 먹기 시작해요. 이때부터 어미는 사냥을 더 자주 해야 한답니다.
또 어미는 하이에나, 개코원숭이, 다른 큰 고양잇과 같은 포식자*들로부터 새끼를 지켜 내요. 천적*을 피해 새끼를 자주 옮기지요. 어미가 잘 늘어나는 새끼의 목 뒤를 살짝 물어서 옮기면, 새끼는 몸을 축 늘어뜨린 채 가만히 있어요. 꿈틀거리면 아플 수도 있으니까요.
어미는 새끼를 길면 2년 정도 보살펴요. 그동안 새끼는 많은 것을 배워요. 어미는 새끼들에게 사냥하기 좋은 곳이 어딘지, 어떻게 사냥해야 하는지 가르쳐요. 무엇이 위험한지, 맛있는 먹잇감이 어떤 건지, 안전하게 쉴 곳과 마실 물을 찾는 법도 알려 주고요. 새끼들에게는 집이 학교고 엄마가 선생님이에요!

*포유류: 새끼를 낳고 젖을 먹여 키우는 동물 부류.
*포식자: 다른 동물을 잡아먹는 동물.
*천적: 먹고 먹히는 관계에서 잡아먹는 동물을 잡아먹히는 동물에 상대하여 이르는 말.

어미가 갓 태어난 새끼를 깨끗하게 핥아 줘요. 친밀감이 싹트는 중요한 과정이에요.

탐험가 인터뷰

새끼 표범이 자동차 안으로 들어오면 어떨 것 같아요? 우리가 보츠와나에서 촬영할 때 레가데마가 그랬어요. 친해진 뒤부터 우리 자동차 그늘 아래서 쉬곤 했는데, 어느 날 운전석 옆자리로 폴짝 뛰어오른 거예요. 하지만 그런 행동은 위험해요. 관광객이나 밀렵꾼의 차에 올라타면 큰일 나니까요. 우리가 어미처럼 쉿쉿 꾸짖어도 꿈쩍하지 않더니, 자동차 히터를 켜니까 얼른 도망치더라고요. 한참 지나 다시 그곳에 갔더니 레가데마는 다 커서 어미가 되었고, 우리를 잊지 않고 다가와 자동차 그늘 아래에서 쉬었어요.

새끼 표범 레가데마

새끼 사자들이 어미와 놀고 있어요.

잠깐 상식! '고양이는 발톱을 감춘다'라는 속담이 있어요. 재주를 함부로 드러내지 않는다는 뜻이에요.

나는 외로운 동물! 혼자가 좋아요

호랑이는 자기 영역에서 홀로 돌아다니며 사냥해요.

잠깐 상식! 사자 무리는 적으면 3마리, 많으면 30마리까지 모여서 지내요!

재규어가 홀로 풀밭을 돌아다니고 있어요.

**외로운 늑대라고?
아니, 외로운
고양잇과가
더 어울리는 말이야!**

고양잇과는 대부분 혼자 있기를 좋아해요.

짝짓기를 하거나 새끼를 키울 때만 다른 동물과 함께 지내요. 큰 고양잇과는 냄새나 으르렁 소리로 이웃들에게 자기 영역을 알려요. "여기는 내 거야. 나가!" 하는 것처럼요. 하지만 예외가 있어요. 바로 사자랍니다. 사자는 큰 고양잇과 중에서 유일하게 무리를 지어 생활해요. 무리 내 암컷들은 모두 가까운 친척뻘이에요. 서로 힘을 모아서 새끼들을 키우고 사냥을 하지요. 우두머리 수사자 한두 마리가 무리를 지키는데, 암사자들이 사냥을 나가면 새끼들을 대신 돌보기도 해요. 새끼 수사자는 스스로 사냥할 수 있을 만큼 자라면 무리를 떠나야 해요. 젊은 사자들끼리 무리 지어 돌아다니다가, 다른 무리의 우두머리 수컷에게 도전하기도 해요. 이기면 그 무리의 우두머리 사자가 되는 거예요!

**오늘은…
뭐 하고 놀지?**

사자가 오늘 할 일!
꾸벅꾸벅 졸기	16시간
먹잇감 사냥	2시간
털 고르기와 무리 활동	1시간 10분
냠냠 먹기	50분

암사자들은 번갈아 새끼들을 돌보아요.

쩝쩝, 고기가 가장 맛있어요!

좋아하는 메뉴를 소개합니다

사자, 호랑이, 표범, 재규어는 먹잇감을 구하기 위해 사냥을 해요. 동물마다 주로 무얼 잡는지 살펴볼까요?

재규어

물고기 아주 좋아해요. 물고기를 잡으려고 거침없이 물속으로 뛰어들어요.

작은 악어 위험을 무릅쓰고 사냥할 만해요. 아주 맛있거든요.

페커리 아메리카에 사는 멧돼지 친척이에요.

호랑이

삼바 인도호랑이의 흔한 먹잇감이에요.

액시스사슴 붉은 갈색 바탕에 하얀 반점이 있어요. 아시아에 주로 살아요.

물소 아무리 호랑이라도 섣불리 달려들면 목숨을 잃을 수 있어요.

사자

얼룩말 뒤처지는 새끼 또는 늙거나 병든 얼룩말을 잡아먹어요.

누 아프리카 초원에 살고 윌드비스트라고도 불려요.

아프리카물소 대단한 싸움꾼이지만 사자로서는 고기가 많아서 포기할 수 없어요.

표범

임팔라 영양의 한 종류로 아프리카 동부와 남부에 주로 살아요. 잽싸고 흔한 먹잇감이에요.

버빗원숭이 날랜 표범은 한눈파는 원숭이를 잡을 수 있어요.

호저 가시투성이라서 조심해야 해요. 자칫하다가는 표범 주둥이에 온통 가시가 박힌답니다.

큰 고양잇과가 사냥을 할 때는 땅에 몸을 바짝 붙여 소리 없이 움직여요.

먹잇감에게 슬그머니 다가가 딱 맞는 기회를 노리다가 와락 덮치지요. 그다음 날카로운 송곳니와 발톱으로 먹잇감을 공격해요. 짧은 거리를 뒤쫓기도 하지요. 실패하면 먹잇감이 달아나고, 계속 실패하면 굶어야 해요.

육식 동물인 큰 고양잇과는 생태계에서 아주 중요한 역할을 해요. 우선 초식 동물의 숫자를 줄여서, 식물이 무성하게 자라도록 도와요. 또 초식 동물 무리에서 병들거나 다친 동물을 솎아 내요. 큰 고양잇과가 없다면, 생태계의 균형이 무너질 거예요.

호랑이는 대식가

호랑이는 한자리에서 고기를 36킬로그램도 넘게 먹을 수 있어요. 스테이크 100인분도 넘는 양이에요!

잠깐 상식! 표범은 자기보다 더 크고 무거운 먹잇감도 나무 위로 끌어 올려요. 15미터 높이까지 올릴 수 있답니다!

암사자들이 힘을 모아서 아프리카물소를 사냥해요.

깍!
사냥하는 모습이 **잔인하다고요?** 하지만 **큰 고양잇과**가 먹고 살기 위해 꼭 필요한 일이에요.

표범이 커다란 임팔라를 나무 위로 끌어 올리고 있어요.

호랑이가 먹잇감을 몰래 덮치려고 자세를 낮추고 있어요.

큰 고양잇과에게 닥친 엄청난 위기

브라질의 아마존 열대 우림이에요. 사람들이 나무를 베고 숲을 태웠어요!

사자, 호랑이 같은 큰 고양잇과들의 서식지*가 점점 줄어들고 있어요.
인구가 늘어나면서 사람들이 농사를 짓거나 집, 공장을 세우려고 더 많은 땅을 개발했기 때문이에요. 땅을 개척하느라 숲이 파괴되고 동물들이 살아갈 땅과 먹잇감도 줄어들었지요. 먹이를 구하지 못한 큰 고양잇과가 가축을 잡아먹다가 사람들에게 공격당하기도 해요.

잠깐 상식! 허가 없이 사냥하는 밀렵꾼들이 털가죽, 수염, 이빨, 뼈 등을 얻으려고 큰 고양잇과를 마구 잡아요.

사람들이 새우 양식장을 만들려고 인도네시아 자카르타에 있는 숲을 파괴했어요.

쉿! 인도호랑이가 숲에서 쉬고 있어요.

지금은 큰 고양잇과를 지키려고 노력하는 나라들이 많아요. 야생 동물 보호 구역을 지정해서 동물들이 안전하게 살아갈 수 있도록 도와주지요. 사파리* 관광도 그중 한 가지 방법이에요. 관광객들이 오면, 지역 주민들이 땅을 개발하지 않고도 돈을 벌 수 있거든요. 그러면 큰 고양잇과를 사냥하거나 없애려 하기보다 보호하려고 노력하게 되지요.

*서식지: 생물이 자리를 잡고 사는 일정한 곳.
*사파리: 야생 동물이 사는 자연에서 자동차를 타고 구경하는 일.

숫자로 알아보아요!

3 1901년~2000년 사이에 사라진 호랑이 아종*의 수.

600 인도 기르숲에서 사는 아시아사자의 수*.

½ 지난 100년 사이에 사라진 재규어의 서식지.

45 전 세계에 남아 있는 아무르표범 수. 가장 적게 남은 고양잇과 중 하나이다. 우리나라에서 조선표범이라고 불렸으나 지금은 볼 수 없다.

*아종: 종을 다시 나눈 생물 분류 단위. 종의 바로 아래 단계.
*인도 기르숲에 사는 아시아사자의 수는 1985년 240여 마리에 그쳤지만, 정부의 노력으로 2000년에는 600여 마리로 늘어났다.

찰칵! 고양잇과 사진전 모두 고양잇과예요!

고양잇과는 종류가 매우 다양해요.
다들 예민한 감각, 날카로운 발톱, 뾰족한 이빨을 가졌답니다. 다른 고양잇과 동물도 만나 볼까요?

카라칼은 귀가 정말 특이해요. 길고 뾰족한데다 끝에 검고 긴 털이 나 있어요. 카라칼은 터키어로 '검은 귀를 지녔다'는 뜻이에요.

오실롯은 재규어, 표범과 닮았지만 몸집이 훨씬 작아요.

아시아황금고양이는 골든캣으로도 불려요. 숲에 꼭꼭 숨어 살아서 아주 보기 힘들어요.

마블살쾡이는 야행성*이라 만나기 어려워요. 길고 풍성한 꼬리와 큰 발, 긴 송곳니가 특징이에요.

서벌은 귀가 아주 커요. 그래서 먹잇감이 돌아다니는 소리를 잘 들어요.

*야행성: 밤에 주로 활동하는 동물의 습성.

치타는 아주 빨라요. 그리고 주의 깊게 사방을 잘 살펴요.

붉은점박이삵은 몸집이 집고양이의 절반밖에 안 돼요. 주로 스리랑카에 살아요.

태어난 지 한 달된 마눌들고양이 새끼들이에요. 주로 중앙아시아에서 살아요.

모래고양이는 비가 잘 안 오는 사막에 살아요. 먹잇감에게서 수분을 얻지요.

캐나다스라소니는 꼬리가 짧고 뭉툭해요. 꼬리 끝은 까맣답니다.

31

3 고양잇과의 다른 동물들

비탈진 바위 위에 선 붉은스라소니는 북아메리카에만 사는 사나운 고양잇과예요. 보브캣이라고도 불려요.

고양잇과는 어떻게 진화했을까요?

파라마카이로두스

메타일루루스

프로아일루루스

슈델루루스

모든 고양잇과는 1200만 년 전에 살았던 작은 동물로부터 진화*했어요.
그러다 두 종류로 나뉘었어요. 하나는 지금까지 우리가 보았던 큰 고양잇과예요.* 다른 하나는 삵, 집고양이 같은 작은 고양잇과로 진화했어요. 그러니까 집고양이는 큰 고양잇과의 친척뻘이에요.

*진화: 생물이 맨 처음 등장한 조상으로부터 점차 변해 가는 현상.

가장 작고, 가장 큰 건 무엇일까요?

찻잔에 들어갈 만큼 아주 작은 집고양이가 있어요. 바로 싱가퓨라예요. 오늘날 살아 있는 고양잇과 중에서 가장 큰 건 시베리아호랑이고요. 하지만 지금까지 살았던 고양잇과 중에는 약 1만 년 전에 멸종한 아메리카사자가 가장 컸을 거예요. 몸무게가 500킬로그램 가까이 됐지요.

3650만~2350만 년 전 | 2350만~530만 년 전

*일반적으로 큰 고양잇과에는 사자, 호랑이, 재규어, 표범, 치타, 퓨마, 눈표범 7종이 포함된다.

마카이로두스

호모테리움

검치호랑이

메간테레온

디노펠리스

호랑고양이

퓨마

고양이

아메리카치타

치타

재규어

표범

호랑이

사자

530만~160만 년 전　　　160만 년 전~현재

송곳니가 무시무시한 검치호랑이

검치호랑이는 칼이빨호랑이, 스밀로돈으로도 불려요. 입 밖으로 튀어나온 송곳니 한 쌍이 칼처럼 날카로워 붙여진 이름이지요. 검치호랑이는 송곳니가 18센티미터까지 자랐는데, 너무 길어서 부러지기 쉬웠어요. 그래서 사냥할 때 먼저 힘센 발과 날카로운 발톱으로 먹잇감을 꽉 눌렀답니다.

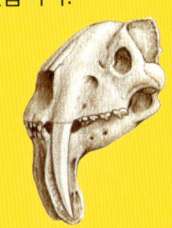

원시 유대류*의 송곳니

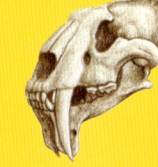

님라비드*의 송곳니

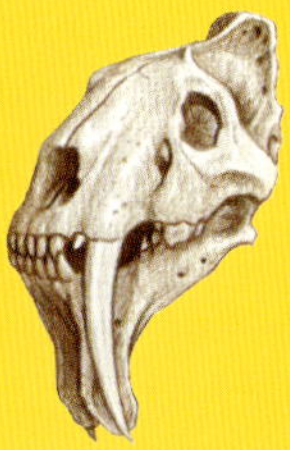

검치호랑이의 송곳니

날카롭고 긴 송곳니는 250만 년~1만 년 전 고양잇과 동물들에게서 볼 수 있었어요. 하지만 이 동물들은 모두 멸종했어요.

*원시 유대류: 캥거루, 주머니쥐 등의 조상, 긴 송곳니가 발달했다.
*님라비드: 현재는 멸종한 원시 고양잇과의 한 종류.

털이 아주 빽빽하게 나 있어요. 곰처럼 북실북실하고 커다란 발로 눈밭을 돌아다녀요.

캐나다스라소니

잠깐 상식! 치타는 서 있다가 3초 만에 시속 100킬로미터까지 속도를 낼 수 있어요. 경주용 자동차보다 더 빠르지요.

작은 고양잇과와 큰 고양잇과

고양잇과는 대부분 몸집이 작아요.
작은 고양잇과는 전 세계 곳곳에서 살아가요.
모래고양이는 사막에서, 마게이는 열대 우림에서,
캐나다스라소니는 한대림*에서도 잘 살아가지요.
그렇다면 어떤 게 큰 고양잇과, 어떤 게 작은 고양잇과일까요?
지금까지 우리가 살펴본 사자, 호랑이, 표범, 재규어 등은
큰 고양잇과의 대표적인 동물이에요. 모두 몸집이 커다랗답니다.
하지만 큰 고양잇과와 작은 고양잇과를 몸집으로만 구분하기는
어려워요. 퓨마는 새끼 때부터 몸무게가 100킬로그램이 넘지만,
작은 고양잇과로 분류하는 과학자도 있으니까요.
어떤 과학자들은 목의 구조에 따라서 큰 고양잇과와 작은 고양잇과를
구분해요. 사자와 호랑이처럼 으르렁거릴 수 있는 동물을 큰 고양잇과,
고양이처럼 가르랑가르랑하기만 하면 작은 고양잇과로 분류한답니다.

*한대림: 북극 주변 추운 지역의 숲.

아프리카 초원에서 살아요. 자세를 낮추어 슬그머니 다가가서 새와 토끼 등을 사냥해요.
카라칼

먹잇감들이 왕성하게 활동하는 낮에 사냥을 해요.
마눌들고양이

퓨마는 어릴 때 무늬가 있다가 자라면서 사라져요.
퓨마

으르렁? 가르랑?
귀를 기울여 잘 들어 보세요!
그럼 **큰 고양잇과**인지
작은 고양잇과인지
구별할 수 있어요.

야생 고양잇과

커다란 먹잇감을 사냥해요
야생에 사는 고양잇과는 자기보다 두 배 이상 큰 먹잇감을 잡기도 해요.

사냥에 도전, 또 도전!
사냥은 성공할 때보다 실패할 때가 훨씬 많아요. 호랑이도 사냥에 성공할 확률은 열 번 중에 한두 번밖에 안 된답니다.

냄새로 영역 표시를 해요
야생 고양잇과는 소변 같은 배설물로 자기 영역을 표시해요.

종류가 많아요
과학자들은 전 세계에 사는 야생 고양잇과의 종류가 약 40종 가까이 된다고 봐요.

집에서 기르지 못해요
야생 고양잇과를 반려동물로 기르겠다고요? 정말 위험한 생각이에요. 왜냐하면 그 동물들이 필요한 게 거의 다 야생에 있거든요. 집에서 기르다가 사람이 다치거나 죽을 수도 있어요.

vs 집고양이

작은 것만 먹어요
사냥을 하더라도 쥐, 새, 도마뱀 같은 작은 먹잇감만 잡아요.

솜씨 좋은 사냥꾼이에요
집고양이도 아주 실력이 좋은 사냥꾼이에요. 젊고 튼튼할 때는 세 번 시도하면 한 번쯤 성공한답니다.

배설물 처리가 꼼꼼해요
집고양이는 자기 배설물이 안 보이도록 모래 속에 잘 묻어요.

모두 한 종이에요
집고양이는 모두 같은 종이에요. 그래서 다 '고양이'라고 부르지요. 하지만 품종은 100가지가 넘어요.

반려동물로 완벽해요!
집고양이는 9000년 정도 사람과 가까이 살아 왔어요. 그동안 정말 많은 이들에게 좋은 친구가 되어 주었지요.

잠깐 상식! 우리나라에서 기르는 집고양이 수는 2백만 마리가 넘어요.*

*출처: KB 경영연구소 2021 한국반려동물보고서.

고양잇과 돌보기

동물원에 사는 고양잇과는 건강하게 지낼 수 있도록 보살핌을 받아요. 사육사가 양치질도 해 줘요!

큰 고양잇과는 힘세고 멋있어요.

그래서 사람들은 동물원으로 큰 고양잇과를 보러 가지요. 야생에서는 절대 가까이 가지 못하는 동물들을 코앞에서 볼 수 있으니까요.

사육사들은 동물들이 잘 지낼 만한 환경을 만들려고 노력해요. 특히 야생 동물의 타고난 본능을 깨우려고 애쓰지요.

동물원의 동물은 늘 울타리 안에서 지내는데, 그러면 큰 고양잇과처럼 영리한 동물은 매우 지루해져요. 동물원의 사자가 아프리카 초원에서 지내는 것처럼 해 주려면 어떻게 해야 할까요? 사육사는 사자 우리에 영양의 배설물을 뿌려 놓거나, '종이로 만든 얼룩말' 안에 고기를 넣어 두어요. 먹잇감과 비슷한 생김새와 냄새를 연출해 사자의 야생 본능을 깨우는 거예요.

또 사육사는 '이리 와', '앉아', '일어서', '엎드려' 같은 지시에 따르는 훈련을 시키기도 해요. 잘하면 머리를 쓰다듬어 주고요. 이런 훈련을 받으면 아플 때 마취제를 놓지 않아도 수의사가 살펴볼 수 있어요.

갓 태어난 큰 고양잇과 새끼는 **하루에 8번까지** 먹을 때도 있어요.

내가 바로 사육사

야생 동물에게 야생의 환경을 제공하여 스트레스를 줄이고 본능과 지능을 골고루 쓰도록 하는 것을 '행동 풍부화'라고 해요. 사람들은 반려동물을 키울 때에도 이 방법을 잘 사용한답니다.

예를 들면, 안전하면서도 반려동물이 좋아하는 장난감을 주는 거예요. 빈 병 속에 먹잇감을 숨겨 문제를 풀게 하거나, 바라는 행동을 할 때 먹잇감을 보상으로 주면 되지요.

새끼 백호가 젖병으로 우유를 먹고 있어요.

잠깐 상식! 야생 동물 연구가들은 야생 호랑이에게 무선 신호 목걸이를 달아요. 그러려면 과학자들이 개발한 마취제가 필요하답니다.

반짝반짝 새하얀 이

**화가 나면 으르렁,
기분이 좋으면 가르랑,
어느 쪽인가요?**

사람과 고양잇과는 공통점이 많아요.
일단 둘 다 포유류예요.
아기 때 젖을 먹고, 몸에 털이 나고,
체온이 일정하지요.
우리와 고양잇과는 또 어떤 점이
닮았을까요?

고양잇과 vs 사람
닮은 곳을 찾아보아요!

어린아이는 이가 20개예요. 사람의 이는 풀과 고기를 다 먹을 수 있도록 모양이 다양해요. 사자와 호랑이는 이빨이 30개예요. 삐죽 튀어나온 송곳니는 먹잇감을 물어뜯는 데 쓰여요.

쿨쿨 잠자기

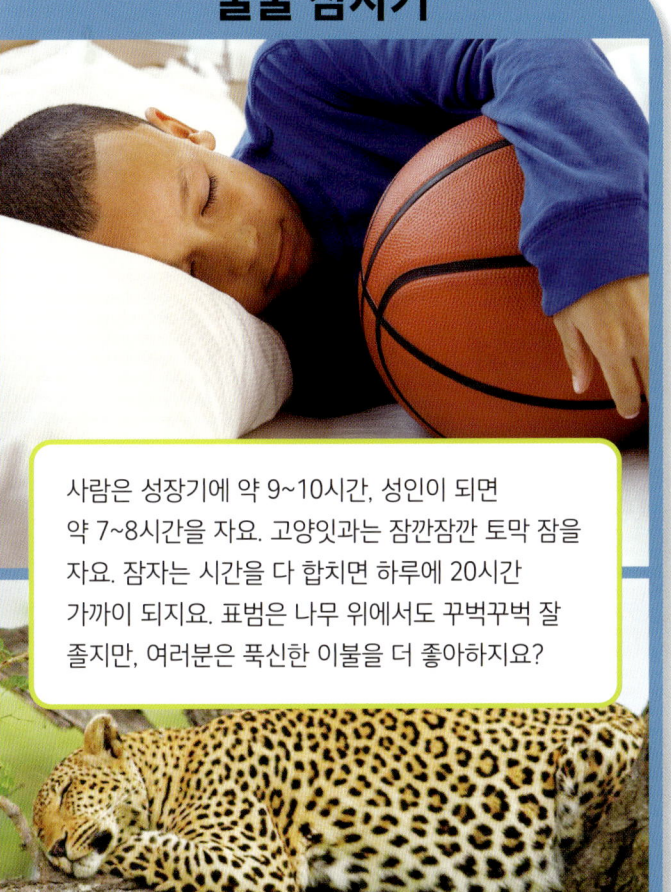

사람은 성장기에 약 9~10시간, 성인이 되면 약 7~8시간을 자요. 고양잇과는 잠깐잠깐 토막 잠을 자요. 잠자는 시간을 다 합치면 하루에 20시간 가까이 되지요. 표범은 나무 위에서도 꾸벅꾸벅 잘 졸지만, 여러분은 푹신한 이불을 더 좋아하지요?

쭉쭉 스트레칭

운동하기 전에는 반드시 준비 운동을 해야 해요. 그래야 근육이 잘 움직여서 다치지 않아요. 큰 고양잇과도 비슷한 이유로 몸을 길게 펴요. 쭉쭉, 이렇게요!

깨끗하게 빗기

우리는 빗으로 머리카락을 빗어요. 하지만 고양잇과는 자기 혀를 빗으로 쓴답니다! 혓바닥에 가시가 있거든요.

손발톱 다듬기

우리는 손톱깎이로 손발톱을 다듬어요. 큰 고양잇과도 평소에 발톱 관리에 신경을 써요. 발톱을 나무에 긁어 날카롭게 유지한답니다.

어미와 새끼 표범이 즐거운 시간을 보내고 있어요.

4 큰 고양잇과와 같이 놀아요

꼭꼭 숨어 있는 동물을 찾아요!

사자, 호랑이, 표범, 재규어는 위장 전문가예요.
저마다 독특한 무늬로 주변 환경에 어울려 교묘하게 숨지요. 들키면 먹잇감이 재빨리 달아날 테니까요. 여기 사진들을 보세요. 어때요? 여러분은 숨어 있는 동물들을 찾아낼 수 있나요? 아마 꽤 오래 걸릴 거예요!

나는 사자일까요, 호랑이일까요?

나는 어떤 고양잇과와 성격이 비슷할까요?
다음 문제들을 풀면서 알아봐요!

1 나는 어떻게 먹는 것을 좋아하나요?
A. 덜 익은 스테이크 먹기
B. 온 가족이 함께 먹기
C. 아주 높은 데 걸터앉아서 먹기
D. 조금씩 여러 차례 깨작깨작 먹기

2 내가 가장 좋아하는 장소는 어디인가요?
A. 아무데나. 더운 곳이든 추운 곳이든 상관없다.
B. 햇살 가득한 초원
C. 정글이나 숲
D. 우리 집

3 내가 운동을 열심히 해서 기르고 싶은 능력은 무엇인가요?
A. 끈기와 힘
B. 빠른 속도
C. 유연성
D. 우아한 몸놀림

4 나는 다른 사람과 어떻게 어울리나요?
A. 혼자 있을 때가 가장 편하다.
B. 많은 사람들과 어울리는 게 좋다.
C. 혼자 있는 게 좋지만, 다른 사람이 다가와도 괜찮다.
D. 단짝하고만 다니는 게 좋다.

5 내가 즐겨 입는 스타일은 무엇인가요?
A. 줄무늬
B. 한 가지 색깔
C. 물방울무늬
D. 다양한 무늬

잠깐 상식! 사자는 태어날 때 몸에 반점이 있어서 덤불에 숨기 좋지만 다 자랄 때쯤에는 반점이 사라져요.

어떤 보기를 가장 많이 골랐나요?

A가 가장 많아요.
점잖은 호랑이와 비슷해요. 홀로 지내는 걸 좋아하고 어떤 환경에서나 잘 지내요.

B가 가장 많아요.
위엄 있는 사자와 비슷해요. 사람들과 잘 어울리고 힘겨루기를 좋아해요.

C가 가장 많아요.
은밀한 표범과 비슷해요. 자기 영역을 고집하진 않지만 딱히 남과 어울리기를 좋아하는 것도 아니에요. 찌는 듯한 무더위도 잘 견뎌요.

D가 가장 많아요.
영리한 집고양이와 비슷해요. 꾀가 많고 자기가 좋아하는 사람들하고만 지내고 싶어 해요. 몸도 마음도 편한 것을 좋아해요.

멀리뛰기 금메달은 무엇이 딸까요?

커다란 호랑이는 먹잇감을 덮칠 때 한 번에 **9미터** 이상 뛸 수 있어요. 승용차 두 대 길이를 가로지르는 셈이에요.

고양잇과는 멀리뛰기 선수예요.
튼튼한 근육질 다리와 아주 뛰어난 균형 감각으로 멀리까지 뛸 수 있지요.

순위를 매겨 봐요
여러분은 얼마나 멀리 뛸 수 있나요? 멀리 뛰고 거리를 한번 재 보세요. 그리고 여기에 나오는 네발의 멀리뛰기 선수들과 비교해 보세요. 준비되었나요? 뛸 때 다치지 않도록 조심해요!

1.5미터　　3미터　　4.5미터

사자는 **11미터**까지 뛸 수 있어요. 한 번에 시내버스 길이만큼 뛰는 거예요.

금메달 수상자!

눈표범은 최대 **15미터**까지 뛸 수 있어요. 산골짜기와 벼랑 끝을 오가며 멀리뛰기 실력이 늘었나 봐요.

재규어와 표범은 **6미터**까지 뛸 수 있어요.

고양잇과의 또 다른 능력들

치타는 근육이 발달해서 순식간에 달리는 속도를 올리거나 줄일 수 있어요.

호랑이는 헤엄도 잘 치고 잠수도 잘해요. 먹잇감을 입에 물고 호수를 헤엄쳐 건너기도 해요.

표범은 고양잇과 중에서 가장 나무를 잘 타요. 자기 몸무게의 두 배나 되는 먹잇감도 나무 위로 끌어올려요.

잠깐 상식! 큰 고양잇과는 모든 육식 동물 중에서 공간 감각이 가장 뛰어나요. 그래서 정확하게 거리를 재서 점프해요.

| 6미터 | 7.5미터 | 9미터 | 10.5미터 | 12미터 | 13.5미터 |

사람들과 함께해 온 고양잇과

사람들은 수천 년 동안 고양잇과를 받들었어요.
어떤 사람들은 고양잇과가 신비로운 힘을 지녔다고 믿었어요. 겉모습도 멋지고 신체 능력도 뛰어나니까요. 중앙아메리카의 마야족은 사람이 죽으면 재규어 신을 따라 어디론가 간다고 믿었어요. 고대 로마인들은 큰 고양잇과가 신들을 태우고 다녔다고 믿었지요. 이집트인들은 고양이가 아주 위대하다고 생각해 함부로 하지 않았어요. 집고양이가 죽으면 온 가족이 슬퍼하며 미라*로 만들기도 했지요.

하지만 사람들이 항상 고양이를 좋게 생각한 것은 아니었어요. 600년 전쯤 유럽에서는 매우 많은 고양이들이 죽임을 당했어요. 마녀와 악마의 동물이라고 믿었거든요. 기독교는 고양이가 나쁜 무리를 상징한다며 없애려 했지요. 이제는 사람들이 검은 고양이가 불행을 가져온다고 생각하지 않아요. 고양이를 있는 그대로 받아들이지요. 빠르게 변하는 세계에서 살아남기 위해 애쓰는 동물로요.

*미라: 죽은 사람이나 동물이 썩지 않도록 처리한 것.

멕시코에 있는 어느 사원에는 거대한 재규어 머리 조각상이 있어요.

오른쪽 사진은 고양이 미라예요. 고대 이집트인들은 고양이를 신처럼 받들었어요. 다산과 풍요의 여신 바스테트가 변신한 것이라고 생각했지요.

잠깐 상식! 고대 이집트와 싸우던 페르시아 군대는 자기들을 공격하지 못하게 하려고 고양이를 앞세우기도 했어요.

밤하늘의 사자자리

옛날 사람들은 별의 위치를 기억하기 쉽게 하려고 별자리를 만들었어요. 그리고 동물이나 인물의 이름을 붙여 별자리 이름을 정했지요. 이 별자리는 사자를 닮아 '사자자리'라고 하는데, 우리나라에서는 봄철에 잘 보여요.

고양이 장난감 만들기

개박하는 수백 년 전부터 고양이에게 주던 식물이에요. 고양이가 좋아서 어쩔 줄 모르게 만드는 화학 물질이 들어 있지요. 개박하를 직접 길러 고양이에게 주면 어떨까요? 햇볕이 잘 드는 곳에 개박하 씨앗을 심고 매일 물을 주세요. 10센티미터쯤 자라면, 잎을 딴 다음 바싹 말려요. 말린 잎을 천 주머니에 넣고 꿰매면 고양이가 아주 좋아하는 멋진 장난감 완성이에요!

1800년 전쯤에 만들어진 미술 작품이에요. 그리스 신화에 나오는 술의 신 디오니소스가 표범을 타고 있어요.

탐험가가 들려주는 뒷이야기

큰 고양잇과를 따라다니면서 사진을 찍는 탐험가들은 모두 같은 목표가 있어요.
전 세계 사람들에게 큰 고양잇과의 멋진 모습과 흥미로운 행동을 많이 보여 줘서 그들의 매력을 널리 알리는 거예요. 그것도 안전하게 텔레비전이나 책으로 말이지요. 아주 훌륭하고 멋진 일이지만, 무척 어렵기도 하답니다.

큰 고양잇과를 연구하는 탐험가들은 모험을 좋아해요. 위험한 곳도 마다하지 않지요. 우리는 아프리카 보츠와나에서 표범과 사자를 촬영한 적이 있어요. 텐트에서 잠을 자고, 악어가 우글거리는 강에서 몸을 씻었지요. 아침에 일어나면 신발 안에 전갈이 있나 없나 털어서 확인하고, 텐트로 작은 동물들이 들어오지 못하도록 문을 이중으로 잠갔어요. 한낮에는 기온이 53도까지 오를 만큼 덥고, 밤에는 영하로 떨어지는 엄청난 추위를 견뎠지요. 때로는 화가 난 코끼리나 놀란 사자가 달려드는 가슴 떨리는 사건이 벌어지기도 했어요. 또 어떤 날은 날씨나 동물을 잘못 판단해 아주 위험한 상황에 놓인 적도 있고요.

하지만 사자가 잽싸게 달려 사냥하는 장면이나 표범의 황금빛 눈과 딱 마주치는 순간을 촬영하면, 이 모든 어려움을 잊을 만큼 더할 나위 없이 행복하답니다.

기가 막힌 순간 포착! 새끼 사자가 나무에 대롱대롱 매달렸어요. 보츠와나에서 찍은 사진이에요.

큰 고양잇과를 보호해요!

**인구가 빠르게 늘어나면서
큰 고양잇과는 사라져 가고 있어요.**

어떤 고양잇과는 이미 멸종 위기에 놓여 있어요. 사람들 때문이지요. 세계적으로 존경받는 몇몇 생물학자는 사라져 가는 큰 고양잇과를 구하는 일에 힘을 쏟고 있어요. 현재 남아 있는 숫자를 보면 갈 길이 멀지만, 많은 전문가들이 아직 희망이 있다고 말해요. 큰 고양잇과를 연구하는 방법이 발전하면서 마릿수를 정확하게 셀 수 있게 되었거든요.

중앙아메리카와 남아메리카에서는 정부와 동물 보호 단체가 힘을 모아 재규어 서식지 보호 사업을 해요. 개발로 인해 나눠진 서식지를 잇는 생태 통로를 만들면, 재규어가 사람을 피해 돌아다니며 번식하고 사냥할 수 있어요. 그렇게 낳은 새끼들은 더 튼튼하지요.

동남아시아에서는 오랜 조사 끝에 호랑이들에게 좋은 터전이 될 만한 곳들을 찾아냈어요. 호랑이 15,000~20,000마리가 살아갈 만큼 먹잇감이 풍부한 곳이에요. 네팔에서도 나무를 마구 베어 파괴된 숲을 호랑이가 다시 살 수 있도록 복원하고 있어요. 적게 나마 남아 있는 호랑이를 지켜 내야 하니까요.

아프리카에서는 사파리 같은 생태 관광 사업을 하고 있어요. 지역 주민들이 큰 고양잇과가 살아가는 모습을 관광객에게 보여 주는 일로 먹고살 수 있도록 기반을 닦고, 이를 위한 교육을 하지요. 이제 주민들은 예전보다 적극적으로 큰 고양잇과를 보호해요. 사자에게 소를 잃으면 보상금을 주는 제도도 있어서 사람들이 큰 고양잇과를 죽이는 일이 줄어들었지요.

아프리카에 사는 마사이족은 사자를 반기지 않아요. 마사이족은 주로 가축을 키워 먹고사는데, 사자에게 가축이 습격당하면 원수를 갚으려고 해요.

큰 고양잇과는 수십만 년 전부터 있었어요. 적응력이 뛰어나고 똑똑하고 강한 동물이지요. 게다가 번식도 빨라요. 호랑이는 해마다 새끼를 낳을 수 있지요. 그러므로 우리가 조금만 관심을 기울이고 노력한다면, 사라질 위기에 놓인 멋진 동물들을 구할 수 있답니다.

아프리카 서부 나미비아에 있는 국립 공원이에요. 수의사가 진정제를 맞은 사자의 심장 박동 소리를 듣고 있어요.

큰 고양잇과 재단과 함께해요!

내셔널지오그래픽 협회는 큰 고양잇과의 절망적인 으르렁거림에 귀 기울여 왔어요. 그래서 사자, 호랑이, 표범, 재규어 같은 전 세계에 사는 큰 고양잇과를 돕기 위해 '큰 고양잇과 재단'을 만들었답니다.
어떤 활동을 하냐고요? 우선 사자의 숫자가 급격히 줄어드는 것을 막는 게 첫 번째 목표예요.
그다음 사자의 수를 적합한 수준으로 회복시키려 해요. 또 많은 사람들에게 큰 고양잇과의 비참한 상황을 알리고 있어요. 더 이상 수가 줄어들지 않도록 보호 계획을 세우고 사람들을 교육하지요. 특히 큰 고양잇과가 사는 지역 주민들을 이 사업에 참여시키려고 노력한답니다.

여기는 아프리카 초원입니다.
새끼 사자가 어미와 나란히
해뜨는 풍경을 지켜보고 있어요.

도전! 큰 고양잇과 박사
퀴즈를 풀며 용어를 익혀요!

암사자들이 진흙탕에서 뒹굴고 있어요. 사자는 무리 안에서 서로 아주 친해요.

여러분의 큰 고양잇과 지식을 확인할 시간! 다음 용어의 뜻을 잘 읽고 표시된 페이지로 가서 쓰임을 확인하세요. 이어지는 퀴즈까지 맞혔다면, 여러분을 큰 고양잇과 전문가로 인정합니다!

1. 라이거와 타이곤
사자와 호랑이를 교배한 동물 (16쪽)

다음 중 라이거에 대한 바른 설명은 무엇일까요?
a. 어린 수사자
b. 암사자와 수호랑이의 새끼
c. 수사자와 암호랑이의 새끼
d. 다 자란 수호랑이

2. 먹잇감
육식 동물이 잡아먹는 먹이 (26, 38, 39, 40쪽)

다음 중 표범의 먹잇감은 무엇일까요?
a. 고양이 사료
b. 감자튀김
c. 숲속의 동물
d. 덤불

3. 야생 동물 보호 구역
야생 동물 보호를 위해 따로 정한 지역 (29쪽)

동물들을 안전하게 보호하려는 노력과 관계있는 것을 고르세요.
a. 야생 동물 보호 구역 지정
b. 열대 우림 개발
c. 고속 도로 건설
d. 동물원 설립

4. 생태계
어떤 지역에서 살아가는 생물들과 그 생물에 영향을 미치는 환경 (7, 26쪽)

사자처럼 아프리카 초원에 사는 동물은 무엇일까요?
a. 표범
b. 아프리카물소
c. 얼룩말
d. 위의 전부 다

5. 야행성
낮에는 쉬고 밤에 활동하는 성질 (30쪽)

'야행성 동물은 ____ 잔다.'라고 할 때 빈칸에 들어갈 알맞은 말은 무엇일까요?
a. 동굴에서
b. 그때그때
c. 낮에
d. 무리 지어서

6. 육식 동물
고기를 먹고 사는 동물 (11, 26, 51쪽)

육식 동물에게 어울리는 이빨은 무엇일까요?
a. 날카롭고 뾰족한 송곳니
b. 넓적한 어금니
c. 반듯하고 큰 앞니
d. 이빨 없는 잇몸

7. 위장
들키지 않도록 모습이나 색깔을 꾸미는 것 (14, 18, 46쪽)

큰 고양잇과가 몸을 숨기는 가장 큰 이유는 무엇일까요?
a. 다른 동물에게 알리기 위해서
b. 사냥에 성공하기 위해서
c. 짝을 얻기 위해서
d. 위의 전부 다

8. 우두머리
무리에서 다른 동물들을 다스리는 역할 (25쪽)

우두머리 사자가 하는 행동은 무엇일까요?
a. 다른 사자가 도전하면 도망치기
b. 다른 무리를 마구 공격하기
c. 다른 사자가 무리의 암컷과 짝짓기를 하게 놔두기
d. 무리 보호하기

9. 유전
어버이의 성격, 특징, 외모 등이 자손에게 전해지는 것 (13, 17, 56쪽)

부모로부터 물려받은 유전자 때문에 털 색깔이 검은 큰 고양잇과를 무엇이라고 하나요?
a. 블랙 타이거
b. 블랙 팬서
c. 오실롯
d. 퓨마

10. 포유류
새끼를 낳아 젖을 먹여 기르고 체온이 일정한 동물 (23, 42쪽)

다음 중 포유류의 특징은 무엇일까요?
a. 환경에 따라 변하는 체온
b. 비늘
c. 새끼 보살피기
d. 아주 뛰어난 사냥꾼

정답 1-c, 2-c, 3-a, 4-d, 5-c, 6-a, 7-b, 8-d, 9-b, 10-c

찾아보기

ㄱ

개박하 53
검은 고양이 52
검치호랑이 35
고양이 속담 23
고양이 장난감 40, 53
고양잇과 7, 34, 38, 40, 42, 43, 48, 50, 52
　작은 고양잇과 30, 31, 37
　큰 고양잇과 11, 12, 14, 23, 25, 26, 28, 29, 37, 40, 54, 56
교배 16, 17

ㄴ

눈표범 51
님라비드 35

ㄷ

동물원 17, 40
디노펠리스 35

ㄹ

라이거 16, 17
레가데마 23

ㅁ

마눌들고양이 31, 37
마블살쾡이 30
마사이족 56
마카이로두스 35
먹이 사슬 7
먹잇감 26, 27, 38, 39, 40
멀리뛰기 50, 51
메간테레온 35

메타일루루스 34
멸종 위기 7, 15, 56
모래고양이 31, 37
무늬 12, 18
미라 52

ㅂ

바스테트 52
반려동물 38, 39, 40
반점 12, 26, 48
발톱 11, 18, 23, 26, 35, 43
배설물 38, 39, 40
백호 41
본능 40
붉은스라소니(보브캣) 32
붉은점박이삵 31
블랙 팬서 13

ㅅ

사냥
　동물들의 사냥 23, 25, 26, 27, 35, 37, 38, 39
　사람들의 사냥 14, 28
사육사 17, 40
사자 11, 12, 13, 14, 15
　멸종 위기 15, 29
　무리 활동 24, 25
　사자자리 53
　새끼 5, 23, 25, 55, 58
　서식지 14, 15
　성격 48, 49
　속도 16
　수사자 10, 11, 13, 25, 42, 57
　암사자 5, 11, 15, 20, 23, 25, 27, 47, 58, 59, 60

우두머리 25
사파리 29, 56
삵 31, 34
새끼 5, 16, 20, 23, 25, 37, 40, 54, 56
생태계 7, 26
서벌 30
서식지 14, 15, 28, 29, 56
성격 48, 49
속 11
송곳니 19, 26, 30, 35, 42
수의사 40, 57
슈델루루스 34
스트레칭 43
시베리아호랑이 13, 34
싱가퓨라 34

ㅇ

아메리카사자 34
아메리카치타 35
아무르표범 29
아시아사자 29
아시아황금고양이 30
아종 29
야생 고양잇과 38
야생 동물 보호 구역 8, 29
야생 동물 연구가 41
야행성 30
열대 우림 14, 28, 37
영역 16, 24, 25, 38, 40, 49
오실롯 30
운동 43
원시 유대류 35
위장 46
유전 17
유전자 13
육식 동물 11, 26, 51
의사소통 16, 18

인도호랑이 18, 19, 28, 29
으르렁 소리 11, 25, 37

ㅈ

잠 43
잡종 17
재규어 10, 11, 12, 13, 14, 15, 25
　멸종 위기 56
　서식지 14, 15, 29, 56
　수컷 10
　조각상 52
　헤엄치기 12
종 11, 38, 39
준비 운동 43
줄무늬 12, 16, 17
진화 34, 35
집고양이 34, 39, 49, 52
짝짓기 16, 17

ㅊ

초식 동물 26
초원 14, 26, 37
천적 23
치타 31, 35, 36, 51

ㅋ

카라칼 30, 37
캐나다스라소니 31, 36, 37
큰 고양잇과 재단 57

ㅌ

타이곤 16, 17

파라마카이로두스 34
포식자 23
포유류 23, 42
표범 7, 11, 12, 13, 14, 15
 달리는 표범 8
 레가데마 23
 먹는 방식 27, 51
 멸종 위기 15, 56, 57
 서식지 14, 15
 성격 48, 49

신화 53
어미와 새끼 22, 44
자는 방식 43
표범속 11
품종 17, 39
퓨마 35, 37
프로아일루루스 34

ㅎ
한대림 37

행동 풍부화 40
헤라클레스 16
호랑고양이 35
호랑이 6, 11, 12, 13, 14, 15
 멸종 위기 15, 56
 무선 신호 목걸이 41
 번식 56
 사냥 6, 7, 24, 27
 서식지 14, 15
 성격 48, 49
 신체 구조 18, 19

어미와 새끼 23
짝짓기 16, 17
헤엄치기 12, 51
호모테리움 35
훈련 40

사진 저작권

COVER, © DLILLC/Corbis; **BACK COVER (top, left),** © Beverly Joubert / National Geographic/ Getty Images; **(top, right),** © PublicDomainPictures:pixabay; **(bottom),** © Alexas_Fotos:pixabay; **1,** © Martin Harvey/ Workbook Stock/ Getty Images; **2-3,** © Beverly Joubert/ NationalGeographicStock.com; **4-5,** © Mitsuaki Iwago/ Minden Pictures/ NationalGeographicStock.com; **6-7,** © Anup Shah/ The Image Bank/ Getty Images; **7,** © Beverly Joubert/ NationalGeographicStock.com; **8-9,** © Suzi Eszterhas/ Minden Pictures/ NationalGeographicStock.com; **10,** © Staffan Widstrand/ naturepl.com; **11 (bottom, left),** © John Eastcott and Yva Momatiuk/ National Geographic Stock; **11 (bottom, center),** © Tim Laman/ National Geographic Stock; **11 (right, center),** © Michael & Patricia Fogden/ Minden Pictures/ NationalGeographicStock.com; **11 (top, right),** © Beverly Joubert/ National Geographic Stock; **12 (A),** © worldswildlifewonders/ Shutterstock; **12 (B),** © Kesu/ Shutterstock; **12 (C),** © WitR/ Shutterstock; **12 (D),** © Eric Isselée/ Shutterstock; **13 (top, left),** © Eric Isselée/ Shutterstock; **13 (top, right),** © DLILLC/ Corbis; **13 (bottom, right),** © Eric Isselée/ Shutterstock; **13 (center, left),** © Eric Isselée/ Shutterstock; **13 (bottom, left),** © Karen Givens/ Shutterstock; **14,** © Jennifer Hollman/ National Geographic My Shot; **15 (bottom),** © Jodi Cobb/ NationalGeographicStock.com; **15 (top),** © Eduard Kyslynskyy/ Shutterstock; **15 (center),** © Beverly Joubert/ NationalGeographicStock.com; **16-17,** © Calvin Lee/ Shutterstock; **17,** © Gerard Lacz/ FLPA/ Minden Pictures; **18-19,** © Gerard Lacz/ FLPA/ Minden Pictures; **20-21,** © Beverly Joubert/ NationalGeographicStock.com; **22,** © Anup Shah/ npl/ Minden Pictures; **23 (bottom),** © Karine Aigner/ NationalGeographicStock.com; **23 (top),** © Michael Nichols/ NationalGeographicStock.com; **23 (center),** © Beverly Joubert/ NationalGeographicStock.com; **24,** © Greg Duncan/ Kenebec Images/ Alamy; **25 (top),** Roy Toft/ NationalGeographicStock.com; **25 (bottom),** © Beverly Joubert/ NationalGeographicStock.com; **26 (A),** © Dmitrijs Mihejevs/ Shutterstock; **26 (B),** © rsfatt/ Shutterstock; **26 (C),** © Bufo/ Shutterstock; **26 (D),** © Tony Wear/ Shutterstock; **26 (E),** © Chun-Tso Lin/ Shutterstock; **26 (F),** © Hugh Lansdown/ Shutterstock; **26 (G),** © Eric Isselée/ Shutterstock; **26 (H),** © Johan Swanepoel/ Shutterstock; **26 (I),** © Four Oaks/ Shutterstock; **26 (J),** © Hedrus/ Shutterstock; **26 (K),** © EcoPrint/ Shutterstock; **26 (L),** © O.M./ Shutterstock; **26 (bottom, right),** © Kathy Burns-Millyard/ Shutterstock; **27 (top),** © Beverly Joubert/ NationalGeographicStock.com; **27 (bottom, left),** © Kim Wolhuter/ NationalGeographicStock.com; **27 (bottom, right),** © Aditya "Dicky" Singh/ Alamy; **28-29 (top),** © Tim Laman/ NationalGeographicStock.com; **28 (bottom),** © Paul Edmondson/ Riser/ Getty Images; **29 (right),** © Cyril Ruoso/ Minden Pictures/ NationalGeographicStock.com; **30 (top left),** © Tom Brakefield/ Photodisc/ Getty Images; **30 (top, right),** © Lynn M. Stone/ naturepl.com; **30 (bottom, left),** © Terry Whittaker; **30 (bottom, center),** © Art Wolfe; **30 (bottom, right),** © James Hager/ Robert Harding World Imagery/ Corbis; **31 (top, left),** © Peter Blackwell / naturepl.com; **31 (top right),** © Terry Whittaker; **31 (center),** © Jennifer Bond/ Zoological Society of Cincinnati; **31 (bottom, right),** © Randy Green/ Taxi/ Getty Images; **31 (bottom, left),** © Gertrud & Helmet Denzau/ naturepl.com; **32-33,** © Konrad Wothe/ Minden Pictures/ NationalGeographicStock.com; **34 (top),** © Andrea Poole/ iStockphoto.com; **34 (bottom),** © Juniors Bildarchiv/ photolibrary.com; **34-35,** © Mauricio Anton/ NationalGeographicStock.com; **35,** © Mauricio Anton/ National Geographic Stock; **35,** © Tom McHugh/ Photo Researchers, Inc.; **36,** © Anna Henly/ Workbook Stock/ Getty Images; **37 (top),** © Yva Momatiuk & John Eastcott/ Minden Pictures/ NationalGeographicStock.com; **37 (center),** © Pat Morris/ Ardea; **37 (bottom),** © Dennis Donohue/ Shutterstock; **38 (top),** © Theo Allofs/ Minden Pictures/ NationalGeographicStock.com; **38 (left, center),** © Beverly Joubert/ NationalGeographicStock.com; **38 (right, center),** © Belinda Wright & Stanley Breeden/ NationalGeographicStock.com; **38 (bottom),** © Andy Poole/ Shutterstock; **38 (bottom, back),** © Lynn Watson/ Shutterstock; **39 (top),** © Denis Nata/ Shutterstock; **39 (left, center),** © Gk Hart/ Vikki Hart/ The Image Bank/ Getty Images; **39 (right, center),** © amandacat/ Alamy; **39 (bottom),** © Cristi Bastian/ Shutterstock; **39 (bottom, back),** © Pakhnyushcha/ Shutterstock; **40 (top),** © Stephen Coburn/ Shutterstock; **40 (center),** © Raul Arboleda/ AFP/ Getty Images; **40 (bottom),** © Pelana/ Shutterstock; **41,** © Jens Schlueter/ AFP/ Getty Images; **42 (top),** © Ionica/ AAGAMIA/ Getty Images; **42 (bottom),** © Joel Sartore/ NationalGeographicStock.com; **43 (top, left),** © Monalyn Gracia/ Corbis; **43 (top, right),** © Jacek Chabraszewski/ Shutterstock; **43 (center, left),** © Gert Johannes Jacobus Vrey/ Shutterstock; **43 (center, right),** © AJansco/ Shutterstock; **43 (bottom, A),** © Heide Benser/ Shutterstock; **43 (bottom, B),** © Amazon-Images/ Alamy; **43 (bottom, C),** © Image Source/ Getty Images; **43 (bottom, D),** © Theo Allofs/ Corbis; **44-45,** © Beverly Joubert/ NationalGeographicStock.com; **46 (top),** © Hermann Brehm/ naturepl.com; **46 (bottom),** © Julie Mowbray/ Alamy; **47 (top, left),** © George Lepp/ The Image Bank/ Getty Images; **47 (bottom, right),** © Michael Nichols/ National Geographic Stock; **47 (bottom, left),** © Yuri Shibnev / naturepl.com; **47 (center, right),** © Peter Blackwell/ naturepl.com; **47 (top, right),** © Michele Burgess / Alamy; **48 (bottom),** © Markus Botzek/Corbis; **48 (top),** © Konrad Wothe/ Minden Pictures/ NationalGeographicStock.com; **49 (top),** © Jim Brandenburg/ Minden Pictures/ NationalGeographicStock.com; **49 (bottom),** © Ron Kimball/ Kimball Stock; **50-51 (bottom),** © Corbis Super RF/ Alamy; **50-51 (center),** © Corbis Super RF / Alamy; **50-51 (top),** © Corbis Premium RF/ Alamy; **50,** © Jacek Chabraszewski/ Shutterstock; **51,** © Philip Dalton/ Alamy; **51 (top, inset),** © Sashkin/ Shutterstock; **51 (bottom, right),** © Mark Beckwith/ Shutterstock; **51 (bottom, center),** © Nick Biemans/ Shutterstock; **51 (bottom, left),** © Brendon Cremer/ Shutterstock; **52 (left),** © Steve Winter/ NationalGeographicStock.com; **52 (right),** © The Art Archive/ Alamy; **53 (top),** © Radius Images/ Alamy; **53 (bottom, left),** Mark Thiessen/ NGS; **53 (bottom, right),** © The Art Gallery Collection/ Alamy; **54,** © Beverly Joubert / NationalGeographicStock.com; **54-55,** © Beverly Joubert/ NationalGeographicStock.com; **56,** © Randy Olson/ NationalGeographicStock.com; **57,** © Des and Jen Bartlett/ NationalGeographicStock.com; **58-59,** © Mitsuaki Iwago/ Minden Pictures/ NationalGeographicStock.com; **60,** © Beverly Joubert/National GeographicStock.com; **63,** © Pakhnyushcha / Shutterstock;

지은이 엘리자베스 카니
미국 뉴욕대학교 생물학 저널리즘을 공부하였다. 요즘은 주로 어린이 논픽션을 쓰며 지낸다. 매머드에 관해 쓴 책으로 2005년 카블리 과학 저널리즘 어워드(Kavli Science Journalism Awards) 어린이 과학 논픽션 부문에 선정되었고, 2008~2010년까지 3년 연속 전국과학교원협회 선정 우수과학거래서에 지은 책이 뽑히기도 했다. 『내셔널지오그래픽 키즈 빅북: 세계』, 『앵그리버드 신나는 놀이터 세계 여행』 등 많은 책을 썼다.

지은이 베벌리, 데렉 주베르
큰 고양잇과의 모든 것에 대해 알고 있는 탐험가 부부이다. 25년 동안 아프리카에서 큰 고양잇과와 다른 동물들을 관찰하고 촬영하고 연구하며 지냈다.

옮긴이 이한음
서울대학교 생물학과를 졸업한 뒤, 과학 전문 번역가로 활동하고 있다. 지은 책으로는 『바스커빌 가의 개와 추리 좀 하는 친구들』, 『생명의 마법사 유전자』 등이 있고 옮긴 책으로 『다윈의 진화실험실』, 『북극곰과 친구 되기』, 『인간 본성에 대하여』, 『핀치의 부리』, 『DNA: 생명의 비밀 조상이야기』 등이 있다.

감수 박재근
서울대학교 생물교육과를 졸업하고 같은 대학교 대학원에서 석사, 박사 학위를 받았다. 중·고등학교 교사를 거쳐 현재 경인교육대학교 과학교육과 교수로 재직 중이다. 생물교육과 환경교육을 연구하고 있으며, 초등학교 과학 교과서의 저자 중 한 명이다.

1판 1쇄 찍음 - 2021년 10월 22일, 1판 1쇄 펴냄 - 2021년 11월 5일
지은이 엘리자베스 카니, 베벌리, 데렉 주베르 **옮긴이** 이한음 **감수** 박재근 **펴낸이** 박상희 **편집** 정숙영, 이정선, 전지선 **디자인** 신지아, 신현수, 시다현
펴낸곳 (주)비룡소 출판등록 1994. 3. 17.(제16-849호) **주소** 06027 서울시 강남구 도산대로1길 62 강남출판문화센터 4층 **홈페이지** www.bir.co.kr
전화 영업 02)515-2000 **팩스** 02)515-2007 **편집** 02)3443-4318,9 **제품명** 어린이용 각양장 도서 **제조자명** (주)비룡소 **제조국명** 대한민국 **사용연령** 3세 이상

NATIONAL GEOGRAPHIC KIDS EVERYTHING : BIG CATS
Copyright © 2011 National Geographic Partners, LLC.
Korean Edition Copyright © 2021 National Geographic Partners, LLC.
All rights reserved.
NATIONAL GEOGRAPHIC and Yellow Border Design are trademarks of the National Geographic Society, used under license.
이 책의 한국어판 저작권은 National Geographic Partners, LLC.에 있으며, (주)비룡소에서 번역하여 출간하였습니다.
저작권법에 의해 한국 내에서 보호를 받는 저작물이므로 무단 전재와 무단 복제를 금합니다.
ISBN 978-89-491-3221-1 74400 / ISBN 978-89-491-3210-5 (세트)